Der Fundamentalismus und seine Auswirkungen auf die Wissenschaft

Jonny Helwer

Bibliografische Information der Deutschen Nationalbibliothek:

Die Deutsche Nationalbibliothek verzeichnet diese Publikation in der Deutschen Nationalbibliografie; detaillierte bibliografische Daten sind im Internet über http://dnb.d-nb.de abrufbar.

ISBN: 9783346933614
Dieses Buch ist auch als E-Book erhältlich.

© GRIN Publishing GmbH
Trappentreustraße 1
80339 München

Druck und Bindung: Books on Demand GmbH, Norderstedt Germany
Gedruckt auf säurefreiem Papier aus verantwortungsvollen Quellen

Das vorliegende Werk wurde sorgfältig erarbeitet. Dennoch übernehmen Autoren und Verlag für die Richtigkeit von Angaben, Hinweisen, Links und Ratschlägen sowie eventuelle Druckfehler keine Haftung.

Das Buch bei GRIN: https://www.grin.com/document/1390481

Seminarfach - Von den Kreuzzügen bis zum Aufstieg des IS – Religiöse Konflikte und ihre Auswirkungen auf Staat und Gesellschaft

Der Fundamentalismus und seine Auswirkungen auf die Wissenschaft

Abgabedatum: 13.04.2023

Inhaltsverzeichnis

1   Einleitung

Fundamentalismus ist eine der großen Herausforderungen der modernen Welt und zugleich einer der am häufigsten missbrauchten Begriffe der Gegenwart. Ein schillerndes Phänomen, aber alles andere als eine bloße Schimäre. Höchst real in Geist und Motivation rücksichtsloser Kollektive, die im Namen ihrer selbsterkorenen Gewissheiten strafen, unterwerfen, herrschen und töten, nicht selten aber auch von den jeweiligen Benutzern des Begriffs nach Belieben zur vernichtenden Etikettierung missliebiger Ideen, Person oder Gruppe verwandt.[1]

Der Begriff Fundamentalismus wird oft im Zusammenhang mit rücksichtslosen Kollektiven verwendet, die im Namen ihrer selbsterkorenen Gewissheiten strafen, unterwerfen, herrschen und töten. Ein Bereich, in dem der Fundamentalismus ein viel diskutiertes Thema ist, ist seine Konflikte mit der Wissenschaft.

Seit vielen Jahren ist der Fundamentalismus ein Thema intensiver Debatten und Diskussionen in der akademischen Gemeinschaft, insbesondere in Bezug auf seine Konflikte mit der Wissenschaft. Dieses Forschungsgebiet hat aufgrund des zunehmenden Einflusses fundamentalistischer Bewegungen in der Welt, die oft im Konflikt mit der wissenschaftlichen Gemeinschaft stehen, in den letzten Jahren erhebliche Aufmerksamkeit erlangt.

Das Thema des Fundamentalismus und seiner Konflikte mit der Wissenschaft ist komplex und vielschichtig und erfordert sorgfältige Überlegungen und Analysen. Um dieses Thema besser zu verstehen, wurde in dieser wissenschaftlichen Arbeit die Sekundärforschung verwendet. Diese Methode umfasst die Verwendung vorhandener Literatur und anderer Sekundärquellen, um Informationen und Erkenntnisse zum Thema zu sammeln.

Die Verwendung von Sekundärforschung ermöglicht eine umfassende und detaillierte Analyse des Themas. Durch die Untersuchung einer Vielzahl von Quellen, einschließlich Bücher und anderer relevanter Literatur, zielt diese Arbeit darauf ab, ein tiefgreifendes Verständnis der folgenden Frage zu vermitteln. Wie beeinflusst der Fundamentalismus die Wissenschaft und welche Auswirkungen hat dies auf die Gesellschaft?

Die Analyse der Konflikte zwischen Fundamentalismus und Wissenschaft in dieser Arbeit basiert auf einem systematischen Ansatz. Sie greift auf die neueste Literatur zurück, um einen umfassenden Überblick über das Thema zu geben, während sie sich auch mit den Feinheiten und Komplexitäten der vorliegenden Probleme auseinandersetzt.

Als solcher soll diese Arbeit zur laufenden wissenschaftlichen Diskussion über den Fundamentalismus und seine Konflikte mit der Wissenschaft beitragen.

---

[1] Thomas Meyer: Was ist Fundamentalismus?: Eine Einführung. Wiesbaden: VS-Verlag 2011, S.7.

2   Historischer Kontext

Um die Ursprünge des Fundamentalismus zu verstehen, müssen wir zurück ins späte 19. Jahrhundert gehen, eine Zeit bedeutender sozialer und kultureller Veränderungen in den Vereinigten Staaten. Das Land industrialisierte sich schnell, und viele Menschen zogen von ländlichen Gebieten in die Städte auf der Suche nach Arbeit. Diese Verschiebung in der Bevölkerungsstruktur ging mit einem Rückgang der religiösen Praxis einher, da sich die Menschen stärker auf materielle Alltagsprobleme konzentrierten.

Als Reaktion auf diesen Trend begann eine Gruppe konservativer Christen, eine traditionellere Form des Christentums zu fördern, die die Autorität der Bibel und die Notwendigkeit der persönlichen Rettung betonte.

> In der Sache hat es Fundamentalismus seit dem Beginn der kulturellen Modernisierung als deren immanenten Gegenimpuls schon immer gegeben. Das Wort trat zuerst im Zusammenhang mit einer religiösen Schriftenreihe in Erscheinung, die in den Jahren 1910 bis 1915 in den USA unter dem Titel ‚The Fundamentals' erschien. Sie trug den kennzeichnenden Titel ‚A Testimony to Truth' – Ein Zeugnis der Wahrheit.[2]

Diese Christen, die so als Fundamentalisten bekannt wurden, lehnten die liberale Theologie ab, die bei vielen protestantischen Hauptkirchen populär geworden war. Sie sahen sich selbst als Verteidiger des wahren Glaubens gegen die vorrückenden Kräfte der Säkularisierung.[3]

2.1   Der Konflikt mit der Wissenschaft

Einer der Schlüsselgedanken des Fundamentalismus war der Glaube an die wörtliche Wahrheit der religiösen Schriften. Fundamentalisten glaubten, dass jedes Wort der Schriften von Göttern inspiriert war und wörtlich genommen werden sollte. Dadurch gerieten sie in Konflikt mit der wissenschaftlichen Gemeinschaft, die in Bereichen wie Geologie, Biologie und Physik rasante Fortschritte machte.[4] Viele dieser Fortschritte schienen der wörtlichen Interpretation der religiösen Schriften zu widersprechen, insbesondere in Bereichen wie dem Alter der Erde und den Ursprüngen des Lebens.

Der Konflikt zwischen Fundamentalismus und Wissenschaft kam im frühen 20. Jahrhundert mit dem Scopes-Prozess, der 1925 in Tennessee stattfand, zum Höhepunkt. Der Prozess drehte sich um die Lehre der Evolution in öffentlichen Schulen, die viele Fundamentalisten als Bedrohung für ihre religiösen Überzeugungen sahen. Der Prozess stellte den Anwalt Clarence Darrow, der das Recht auf Lehre von Evolution verteidigte,

---

[2] Meyer: Was ist Fundamentalismus?, S. 17.
[3] Vgl. ebd.
[4] Vgl. ebd.

gegen William Jennings Bryan, einen prominenten Fundamentalisten, der für eine wörtliche Interpretation der Bibel argumentierte.[5]

Der Prozess war ein Wendepunkt in der Geschichte des Fundamentalismus und seiner Beziehung zur Wissenschaft. Obwohl Bryan den Rechtsstreit gewann, wurde die fundamentalistische Bewegung durch den Prozess der Lächerlichkeit und Satire ausgesetzt, da viele Menschen sie als rückwärtsgewandt und von der modernen Realität abgekoppelt betrachteten. Im Laufe der Zeit zog sich der Fundamentalismus aus der Öffentlichkeit zurück und konzentrierte sich stattdessen auf den Aufbau eigener Institutionen wie das Discovery Institute, die seine religiöse Botschaft und Werte fördern sollten.[6]

3 Theologische Überzeugungen

Eine der zentralen theologischen Überzeugungen des Fundamentalismus ist die Lehre von der Unfehlbarkeit. Dies besagt, dass die religiösen Schriften frei von Fehlern und Widersprüchen sind. Gemäß den Fundamentalisten sind die Schriften die ultimative Autorität in allen Fragen des Glaubens und der Praxis und ihre Lehren sollten ohne Frage befolgt werden.[7] Der Glaube an die Unfehlbarkeit der Schriften ist zentral für die fundamentalistische Bewegung und prägt ihre Herangehensweise an Themen wie Kreationismus, Geschlechterrollen, Rassismus und Sexualität.[8]

Es ist jedoch wichtig nicht die unterschiedlichen Arten von Fundamentalismus zu verallgemeinern, denn jede Form des Fundamentalismus hat ihre eigenen spezifischen Merkmale und Ausprägungen. Dies erfordert, dass man jede fundamentalistische Bewegung individuell betrachtet und analysiert und sie im Kontext ihrer historischen, kulturellen und politischen Hintergründe verstehen muss.

---

[5] Vgl. Gunter Pirntke: Der Affenprozess und seine Hintergründe. Deutschland: BROKATBOOK, 2015. S. 3.

[6] Vgl. Martin Neukamm / Andreas Beyer: Wie das evangelikale Discovery Institute Filmdokumente fälscht (2022). URL: https://www.ag-evolutionsbiologie.net/html/2022/discovery-institute-evolution-mensch.html (Datum des letzten Aufrufs: 12.04.2023).

[7] Vgl. Peter Scholl-Latour: Kampf dem Terror – Kampf dem Islam?: Chronik eines unbegrenzten Krieges. München: Propyläen, 2002. S. 270.

[8] Vgl. Ruud Koopmans: Das verfallene Haus des Islam: Die religiösen Ursachen von Unfreiheit, Stagnation und Gewalt. München: C.H.Beck oHG, 2020, S. 210.

3.1 Christlicher Fundamentalismus

Ein zentraler Glaube des christlichen Fundamentalismus ist das Konzept des Heils allein durch den Glauben. Gemäß diesem Glauben wird das Heil nicht durch gute Werke oder das Befolgen einer Reihe von Regeln erworben. Stattdessen ist das Heil ein Geschenk, das von Gott denjenigen gegeben wird, die an Jesus Christus als ihren Erlöser glauben.[9] Christliche Fundamentalisten legen auch einen starken Schwerpunkt auf die Wiederkunft Christi. Sie glauben, dass Jesus irgendwann in der Zukunft auf die Erde zurückkehren wird, um sein Reich zu errichten. Dieser Glaube basiert auf den Prophezeiungen, die im Buch der Offenbarung und anderen Teilen der Bibel zu finden sind. Fundamentalisten sehen die Zeichen der Zeit als Beweis dafür, dass das Ende nahe ist und dass die Wiederkunft Christi unmittelbar bevorsteht.[10]

Neben diesen zentralen theologischen Überzeugungen haben christliche Fundamentalisten auch eine Reihe von sekundären Überzeugungen, die oft mit der Bewegung in Verbindung gebracht werden. Dazu gehören die Ablehnung der Evolution, der Glaube an die wörtliche Auslegung der Schöpfungsgeschichte in Genesis und ein starker Schwerpunkt auf der Bedeutung traditioneller Geschlechterrollen und Familienstrukturen.[11]

3.2 Islamischer Fundamentalismus

Ähnlich wie der christliche Fundamentalismus wird der islamische Fundamentalismus durch den Glauben an die Wichtigkeit des Glaubens zur Erlangung des Heils charakterisiert. Muslime, die fundamentalistischen Überzeugungen folgen, glauben, dass der Glaube an Allah und Gehorsam gegenüber seinen Geboten der einzige Weg ist, um nach dem Tod einen Platz im Paradies zu sichern.[12] Diese Betonung des Glaubens geht oft einher mit der Ablehnung von als westlich oder unislamisch angesehenen Praktiken oder Überzeugungen.[13]

Islamische Fundamentalisten legen auch einen starken Schwerpunkt auf das Konzept der Endzeit. Wie christliche Fundamentalisten glauben sie an die eventuelle Rückkehr einer

---

[9] Vgl. Scholl-Latour: Kampf dem Terror - Kampf dem Islam?, S. 270.
[10] Vgl. ebd.
[11] Vgl. a.a.O., S. 271.
[12] Vgl. Reza Aslan: No god but God: The Origins, Evolution, and Future of Islam. London: Arrow Books, 2006, S. 4-5.
[13] Vgl. Bassam Tibi: Fundamentalismus im Islam: Eine Gefahr für den Weltfrieden?. Darmstadt: Wissenschaftliche Buchgesellschaft, 2000, S. 7.

messianischen Figur - in diesem Fall den islamischen Propheten Jesus oder Isa - der eine gerechte und rechtschaffene Gesellschaft errichten wird. Islamische Fundamentalisten greifen auch auf apokalyptische Prophezeiungen im Koran und anderen islamischen Texten zurück, um zu argumentieren, dass gegenwärtige Ereignisse Beweise dafür sind, dass die Endzeit nahe ist und die Rückkehr von Isa unmittelbar bevorsteht.[14]

Zusätzlich zu diesen zentralen theologischen Überzeugungen können islamische Fundamentalisten auch eine Reihe von sekundären Überzeugungen haben, die mit der Bewegung in Verbindung gebracht werden. Dazu können eine strenge Einhaltung traditioneller islamischer Praktiken und Kleidung, die Ablehnung von Trennung von Religion und Staat und Demokratie als unislamisch sowie der Glaube an die Notwendigkeit gewalttätiger Aktionen zur Erreichung politischer Ziele in einigen Fällen gehören.[15]

Es ist jedoch erwähnenswert, dass nicht alle Muslime, die den Glauben und die islamischen Lehren priorisieren, als Fundamentalisten gelten, und dass der Begriff umstritten sein kann und negative Konnotationen haben kann. Darüber hinaus ist der islamische Fundamentalismus keine monolithische Bewegung, und es gibt bedeutende Unterschiede zwischen verschiedenen Gruppen und Interpretationen islamischer Theologie und Praxis.[16]

4 Wissenschaftliche Herausforderungen des Fundamentalismus

Eine der wissenschaftlichen Herausforderungen, die durch fundamentalistische Überzeugungen entstehen, ist die Ablehnung wissenschaftlicher Theorien, die im Widerspruch zur religiösen Dogmatik stehen. Zum Beispiel lehnen Kreationisten die wissenschaftliche Theorie der Evolution ab, obwohl es überwältigende Beweise für ihre Gültigkeit gibt.[17] Ebenso lehnen einige fundamentalistische Gruppen die Idee des

---

[14] Vgl. Aslan: No god but God., S. 6-8.
[15] Vgl. Meyer: Was ist Fundamentalismus?, S. 37-38.
[16] Vgl. Wilfried Buchta: Die Strenggläubigen: Fundamentalismus und die Zukunft der islamischen Welt. München: Carl Hanser, 2016, S. 8-9.
[17] Vgl. A. Beyer / U. Hoßfeld / H.-J. Jacobsen / T. Junker / U. Kutscha / R. Leinfelder / M. Mahner / A. Meyer / M. Neukamm: Scopes-Verhandlungen 1925 und die zwei biblischen Schöpfungsberichte. In: Ulrich Kutschera (Hg.) Kreationismus in Deutschland: Fakten und Analysen. Münster: LIT Verlag, 2007. S .17.

anthropogenen Klimawandels ab, trotz wissenschaftlichen Konsenses zu diesem Thema.[18]

4.1 Ablehnung Wissenschaftlicher Erkenntnisse

Diese Ablehnung etablierter wissenschaftlicher Theorien und Beweise kann erhebliche Auswirkungen auf die öffentliche Politik und Entscheidungsfindung haben. Die Ablehnung der Realität des Klimawandels kann beispielsweise zu unzureichenden Maßnahmen zur Bewältigung seiner Auswirkungen führen und zu ökologischen und wirtschaftlichen Schäden führen.[19]

Darüber hinaus können fundamentalistische Überzeugungen, die Glauben über Vernunft stellen, kritisches Denken und wissenschaftliche Untersuchungen entmutigen, die für wissenschaftlichen Fortschritt unerlässlich sind. Wenn religiöse Dogmatik als absolute Wahrheit angesehen wird, kann dies die Neugier und Untersuchung einschränken und die Entwicklung neuer Kenntnisse und technologischer Fortschritte verhindern.[20]

4.1.1 Kreationismus und Intelligentes Design

Kreationismus und Intelligent Design sind zwei verwandte Bewegungen, die die Evolutionstheorie zugunsten einer übernatürlichen Erklärung für die Ursprünge des Lebens auf der Erde ablehnen. Kreationismus ist ein religiöser Glaube, der behauptet, dass das Universum und alles Leben darin von einem göttlichen Wesen erschaffen wurden, wie es in religiösen Texten wie der Bibel beschrieben wird. Kreationisten lehnen die wissenschaftliche Theorie der Evolution ab und argumentieren, dass sie im Konflikt mit ihren religiösen Überzeugungen steht.[21]

Intelligent Design ist eine neuere Bewegung, die versucht, eine wissenschaftliche Grundlage für die kreationistische Weltanschauung zu schaffen. Befürworter des Intelligent Design argumentieren, dass bestimmte Merkmale der Natur - wie die

---

[18] Vgl. Katja Ridderbusch: Die Angst vorm Grünen Drachen (2019). In: US-Evangelikale und der Klimaschutz. URL: https://www.deutschlandfunk.de/us-evangelikale-und-der-klimaschutz-die-angst-vorm-gruenen-100.html (Datum des letzten Aufrufs: 12.04.2023).
[19] Vgl. Tom Schimmeck: Der Einfluss christlicher Fundamentalisten auf die Politik (2004). URL: https://www.deutschlandfunk.de/der-einfluss-christlicher-fundamentalisten-auf-die-politik-100.html (Datum des letzten Aufrufs: 12.04.2023).
[20] Vgl. Karl Edlinger/Walter Weiss: (Un)intelligent Design?: Warum Gott die Welt nicht schöpfen konnte. Wien-Klosterneuburg: EDITION VA bENE, 2010. S. 17.
[21] Vgl. Edlinger / Weiss: (Un)intelligent Design?, S. 19-20.

Komplexität lebender Organismen und die Struktur der DNA - zu kompliziert sind, um allein durch natürliche Prozesse entstanden zu sein. Stattdessen schlagen sie vor, dass diese Merkmale von einem intelligenten Agenten entworfen wurden - oft, aber nicht immer, identifiziert als der Gott des Christentums.[22]

Sowohl Kreationismus als auch Intelligent Design sind umstrittene Themen im Bereich der naturwissenschaftlichen Bildung. Kritiker argumentieren, dass sie keine wissenschaftlichen Theorien sind, da sie nicht durch empirische Beobachtung getestet oder falsifiziert werden können. Darüber hinaus behaupten sie, dass die Lehre von Kreationismus oder Intelligent Design an öffentlichen Schulen gegen die Trennung von Kirche und Staat verstößt, da sie inhärent religiöse Überzeugungen sind.[23]

Trotz dieser Kritik setzen sich Befürworter von Kreationismus und Intelligent Design weiterhin für ihre Einbeziehung in die naturwissenschaftliche Bildung ein. Sie argumentieren, dass die Lehre alternativer Theorien über die Ursprünge des Lebens wichtig ist, um kritisches Denken und wissenschaftliche Untersuchungen zu fördern und dass ihre Ausschließung aus dem Klassenzimmer eine Form der Zensur darstellt.[24]

4.1.2 Ablehnung der Evolutionstheorie

Die Theorie der Evolution wurde von der wissenschaftlichen Gemeinschaft als gut unterstützte und auf Evidenz basierende Erklärung für die Vielfalt des Lebens auf der Erde weithin akzeptiert. Es gibt jedoch einige, die diese Theorie ablehnen und an ein anderes Glaubenssystem glauben, das besagt, dass das Universum und alles Leben darin von einem göttlichen Wesen erschaffen wurden. Diese Personen werden als Kreationisten bezeichnet, und ihre Ablehnung der Evolutionstheorie basiert sowohl auf religiösen als auch auf wissenschaftlichen Gründen.[25]

Einer der Hauptgründe, warum Kreationisten die Evolution ablehnen, ist ihr Glaube an eine wörtliche Auslegung der Bibel. Nach der kreationistischen Sichtweise ist die biblische Schöpfungsgeschichte eine genaue und vollständige Erklärung für den Ursprung des Lebens. Diese Interpretation umfasst in der Regel den Glauben, dass das Universum

---

[22] Vgl. A.a.O., S. 240-241.

[23] Vgl. Alexandra Stober: Kreationismus – Schöpfung gegen Evolution (2008). URL: https://www.planet-wissen.de/natur/forschung/evolutionsforschung/pwiekreationismusschoepfunggegenevolution100.html (Datum des letzten Aufrufs: 12.04.2023).

[24] Vgl. Pirntke: Der Affenprozess und seine Hintergründe., S. 83-85.

[25] Vgl. Kutschera: Kreationismus in Deutschland., S. 5-7.

und alles Leben darin in sechs wörtlichen Tagen erschaffen wurden, wie es im Buch Genesis beschrieben wird. Daher wird jede wissenschaftliche Theorie, die im Widerspruch zu dieser Ansicht steht, als falsch oder unvollständig angesehen.[26] Kreationisten lehnen die Evolution auch aus wissenschaftlichen Gründen ab und argumentieren, dass die Theorie fehlerhaft und ohne Beweise ist. Sie bestreiten die Vorstellung, dass das Leben durch einen natürlichen Prozess wie zufällige Mutation und natürliche Selektion entstanden sein könnte. Stattdessen argumentieren sie, dass die Komplexität des Lebens ein Beweis für einen intelligenten Designer ist und dass es keine natürliche Erklärung für die Vielfalt des Lebens auf der Erde gibt. Sie zeigen oft Beispiele für komplexe Strukturen in lebenden Organismen wie dem menschlichen Auge auf, um zu beweisen, dass die Evolution die Komplexität des Lebens nicht erklären kann.[27]

Ein weiteres Argument, das von Kreationisten vorgebracht wird, ist, dass der Fossilienbefund die Evolutionstheorie nicht unterstützt. Sie argumentieren, dass es keine Übergangsfossilien gibt, oder Fossilien, die die allmähliche Entwicklung einer Art in eine andere zeigen, was ihrer Meinung nach reichlich vorhanden sein sollte, wenn die Evolution wahr wäre.[28] Kreationisten weisen auch darauf hin, dass das plötzliche Auftauchen vollständig ausgebildeter Organismen im Fossilienbefund die Idee der göttlichen Schöpfung unterstützt.[29]

Neben diesen Argumenten lehnen Kreationisten die Evolution auch aus philosophischen und moralischen Gründen ab. Sie glauben, dass die Evolutionstheorie den Atheismus fördert und den religiösen Glauben untergräbt.[30]

4.2 Globale Einflussnahme auf die Wissenschaft

In Deutschland und in den USA gibt es seit langem eine Debatte zwischen fundamentalistischen Kreationisten und denen, die die Evolutionstheorie akzeptieren.[31] Der Einfluss des Fundamentalismus auf die Wissenschaft beschränkt sich aber nicht nur auf die USA oder Deutschland. In einigen muslimischen Ländern haben fundamentalistische religiöse Führer wissenschaftliche Erkenntnisse abgelehnt, die im

---

[26] Vgl. A.a.O., S. 332-333.
[27] Vgl. Kutschera/Beyer: Kreationismus in Deutschland. S. 333-334.
[28] Vgl. A.a.O., S. 312-313.
[29] Vgl. A.a.O., S. 135-136.
[30] Vgl. Ulrich Kutschera: Streitpunkt Evolution: Darwinismus und Intelligentes Design. Münster: LIT Verlag, 2007. S. 145.
[31] Meyer: Was ist Fundamentalismus?, S. 17.

Widerspruch zu ihrer Interpretation des Korans stehen. Zum Beispiel gab es Fälle, in denen islamische Gelehrte die Evolutionstheorie oder die Idee angezweifelt haben, dass sich die Erde um die Sonne dreht.[32]

4.2.1 Einfluss auf den politischen Ebenen

Ein weiterer Bereich, in dem der Fundamentalismus die wissenschaftliche Forschung beeinflusst hat, ist der Klimawandel. Einige konservative Politiker und Interessengruppen haben die überwältigenden wissenschaftlichen Beweise abgelehnt, dass menschliche Aktivitäten zum globalen Klimawandel beitragen. Sie argumentieren, dass das Klima sich nicht verändert oder wenn es das tut, es Teil eines natürlichen Zyklus ist und nicht durch menschliche Aktivitäten verursacht wird. Dies hat zu einem Mangel an politischem Willen geführt, um den Klimawandel anzugehen, und hat Bemühungen zur Reduzierung von Treibhausgasemissionen behindert.[33]

4.2.2 Beeinflussung von Bildungssystemen und Lehrplänen

Eine der offensichtlichsten Auswirkungen des Fundamentalismus auf Bildungssysteme ist die Forderung nach der Einbeziehung von Kreationismus oder Intelligent Design in den Lehrplan für Naturwissenschaften. Befürworter dieser Ideen argumentieren, dass sie in Naturwissenschaftsklassen gleichberechtigt behandelt werden sollten wie die Evolutionstheorie. Dies hat in vielen Bundesstaaten zu hitzigen Debatten und rechtlichen Herausforderungen geführt, wobei Gegner dieser Ideen argumentieren, dass sie nicht auf wissenschaftlichen Beweisen basieren und im naturwissenschaftlichen Lehrplan keinen Platz haben.[34]

Der Fundamentalismus hat auch auf andere Weise Einfluss auf Bildungssysteme genommen, wie zum Beispiel durch die Forderung nach Enthaltsamkeits-Only-Sexualaufklärung in einigen konservativen Gemeinden. Diese Form der Sexualaufklärung betont Enthaltsamkeit als die einzige akzeptable Form der Empfängnisverhütung und bietet oft keine umfassenden Informationen über Verhütungsmittel oder sichere

---

[32] Vgl. Aslan: No god but God., S. 4-5.
[33] Vgl. John Cook / Dana Nuccitelli / Sarah A Green / Mark Richardson / Bärbel Winkler / Rob Painting / Robert Way / Peter Jacobs / Andrew Skuce: Quantifying the consensus on anthropogenic global warming in the scientific literature URL: https://iopscience.iop.org/article/10.1088/1748-9326/8/2/024024 (Datum des letzten Aufrufs: 12.04.2023).
[34] Vgl. Edlinger / Weiss: (Un)intelligent Design?, S. 175.

Sexpraktiken. Kritiker argumentieren, dass diese Herangehensweise unrealistisch ist und junge Menschen einem Risiko ungewollter Schwangerschaften und sexuell übertragbarer Infektionen aussetzen kann.[35]

In einigen Fällen haben fundamentalistische Überzeugungen zur Ablehnung bestimmter wissenschaftlicher Theorien geführt. Einige Kreationisten fordern möglicherweise sogar, dass sie aus dem naturwissenschaftlichen Lehrplan entfernt wird. Dies kann dazu führen, dass Schülerinnen und Schüler wichtige wissenschaftliche Konzepte und Ideen nicht kennenlernen und möglicherweise schlecht auf weitere Studien in Naturwissenschaften und verwandten Bereichen vorbereitet sind.[36]

Der Einfluss des Fundamentalismus auf Bildungssysteme und Lehrpläne ist nicht auf die USA beschränkt. In einigen muslimischen Ländern haben fundamentalistische religiöse Führer sich dafür ausgesprochen, religiöse Texte ausschließlich in Schulen zu unterrichten. Dies kann die Schülerinnen und Schüler daran hindern, wichtige wissenschaftliche und technische Kenntnisse zu erwerben, und ihre Fähigkeit beeinträchtigen, in einer globalen Wirtschaft zu konkurrieren.[37]

4.2.3 Bedrohung der Gesundheit und Medizin

Im Bereich der medizinischen Forschung haben fundamentalistische Überzeugungen manchmal zu Widerstand gegen wichtige medizinische Fortschritte geführt und kann so eine ernsthafte Bedrohung für die Gesundheit der Gesellschaft und der Medizin darstellen. Dies gilt insbesondere in Fällen, in denen fundamentalistische Überzeugungen mit etabliertem wissenschaftlichem und medizinischem Wissen kollidieren. [38]

Ein Bereich, in dem der Fundamentalismus eine erhebliche Bedrohung für die Gesundheit darstellt, ist die Impfung. In den letzten Jahren hat es eine wachsende Anti-Impfungsbewegung gegeben, die von fundamentalistischen Überzeugungen genährt wird, dass Impfstoffe schädlich oder gegen den Willen Gottes sind. Dies hat zu einem Rückgang der Impfraten in einigen Gemeinden geführt, was wiederum zu Ausbrüchen vermeidbarer Krankheiten wie Masern und Keuchhusten geführt hat. Diese Ausbrüche

---

[35] Vgl. Silke Leonhard: Wissenschaft, Politik und Moral. In: Loccumer Pelikan: Fundamentalismus überwinden 4/13 (2013), S. 157-158.
[36] Vgl. ebd.
[37] Vgl. Leonhard: Die Ideologie des Salafismus., S. 164.
[38] Vgl. Heinrich Zankl: Fälscher, Schwindler, Scharlatane: Betrug in Forschung und Wissenschaft. Weinheim: WILEY-VCH Verlag 2003, S. 113-116.

können für vulnerable Bevölkerungsgruppen wie Säuglinge und ältere Menschen besonders gefährlich sein.[39]

Ein weiterer Bereich, in dem Fundamentalismus eine Gefährdung für die Gesundheit darstellen kann, ist die Zurückweisung bestimmter medizinischer Therapien oder Verfahren aus religiösen Gründen. Einige religiöse Gruppen lehnen beispielsweise Bluttransfusionen oder Organtransplantationen ab, die lebenserhaltende Eingriffe sein können. In einigen Fällen können diese Überzeugungen so ausgeprägt sein, dass Individuen eine medizinische Behandlung gänzlich ablehnen, was zu gravierenden gesundheitlichen Konsequenzen oder sogar zum Tod führen kann.[40]

4.3   Herausforderungen für die wissenschaftliche Gemeinschaft

Der Aufstieg des Fundamentalismus hat der wissenschaftlichen Gemeinschaft erhebliche Herausforderungen gestellt, da religiöse Überzeugungen mit wissenschaftlichen Erkenntnissen kollidieren und die Integrität des wissenschaftlichen Unternehmens zu untergraben drohen.[41]

Eine der größten Herausforderungen, die der Fundamentalismus für die wissenschaftliche Gemeinschaft darstellt, ist die Ablehnung etablierter wissenschaftlicher Erkenntnisse zugunsten religiöser Überzeugungen. Dies kann sich auf verschiedene Arten manifestieren, von der Ablehnung der Evolutionstheorie zugunsten des Kreationismus bis zur Leugnung des Klimawandels und anderer Umweltbedrohungen. Wenn fundamentalistische Überzeugungen im Konflikt mit wissenschaftlichen Erkenntnissen stehen, kann dies dazu führen, dass wissenschaftliche Forschung behindert wird und der Fortschritt gehemmt wird.[42]

Eine weitere Herausforderung für die wissenschaftliche Gemeinschaft ist die Zurückhaltung einiger fundamentalistischer Gruppen, sich mit wissenschaftlicher Forschung und Diskurs auseinanderzusetzen. Einige religiöse Gruppen empfinden die Wissenschaft als Gefährdung für ihre religiöse Überzeugung und können ihre Anhänger aktiv davon abbringen, wissenschaftliche Laufbahnen zu verfolgen oder sich mit wissenschaftlicher Fachliteratur auseinanderzusetzen. Dies kann dazu führen, dass

---

[39] Vgl. Zankl: Fälscher, Schwindler, Scharlatane., S. 121-124.
[40] Vgl. A.a.O., S. 124-128.
[41] Vgl. Kutschera: Kreationismus in Deutschland., S. 45.
[42] Vgl. Zankl: Fälscher, Schwindler, Scharlatane., Einleitung S. XI-XV.

bedeutsame wissenschaftliche Erkenntnisse ignoriert oder übersehen werden und Gelegenheiten für Kooperation und interdisziplinäre Forschung verpasst werden[43]

5 Fazit

Im Verlauf dieser Arbeit wurde die komplexe und oft umstrittene Beziehung zwischen Fundamentalismus und Wissenschaft untersucht. Vom Zurückweisen etablierter wissenschaftlicher Erkenntnisse zugunsten religiöser Überzeugungen bis hin zur Zurückhaltung mancher religiösen Gruppen bei der Auseinandersetzung mit wissenschaftlicher Forschung und Diskurs stellt Fundamentalismus bedeutende Herausforderungen für die wissenschaftliche Gemeinschaft und ihre Suche nach objektiver Untersuchung und empirischen Beweisen dar.

Obwohl Fundamentalismus als Bedrohung für das wissenschaftliche Unterfangen angesehen werden kann, ist es wichtig anzuerkennen, dass religiöse Überzeugungen ein tief persönlicher und integraler Bestandteil des Lebens vieler Menschen sind. Es ist nicht die Rolle der Wissenschaft, religiöse Überzeugungen zu denunzieren oder abzuweisen, sondern vielmehr, eine Kultur offener Untersuchung und evidenzbasierter Entscheidungsfindung zu fördern, die alle Standpunkte und Überzeugungen einschließt.

Um den durch Fundamentalismus entstehenden Herausforderungen zu begegnen, ist es wesentlich, eine Kultur des gegenseitigen Respekts, der wissenschaftlichen Untersuchung und der evidenzbasierten Entscheidungsfindung zu fördern. Dies erfordert Zusammenarbeit und Dialog zwischen Wissenschaftlern, politischen Entscheidungsträgern und religiösen Führern sowie ein Bekenntnis zur rigorosen wissenschaftlichen Forschung, die von einem Einsatz für objektive Untersuchung und empirische Beweise geleitet wird.

Letztendlich ist die Beziehung zwischen Fundamentalismus und Wissenschaft komplex und vielschichtig und wird sich weiterentwickeln, wenn die Gesellschaft sich mit dem Schnittpunkt von religiösen Überzeugungen und wissenschaftlicher Untersuchung auseinandersetzt. Indem wir die Herausforderungen, die durch Fundamentalismus entstehen, erkennen und angehen, können wir sicherstellen, dass das wissenschaftliche Unterfangen robust, objektiv und inklusiv bleibt und dass wir weiterhin Fortschritte in unserem Verständnis der Welt um uns herum machen.

---

[43] Vgl. Zankl: Fälscher, Schwindler, Scharlatane., Einleitung S. XI-XV.

Literaturverzeichnis

A. Beyer / U. Hoßfeld / H.-J. Jacobsen / T. Junker / U. Kutscha / R. Leinfelder / M. Mahner / A. Meyer / M. Neukamm: Scopes-Verhandlungen 1925 und die zwei biblischen Schöpfungsberichte. In: Ulrich Kutschera (Hg.) Kreationismus in Deutschland: Fakten und Analysen. Münster: LIT Verlag, 2007.

Alexandra Stober: Kreationismus – Schöpfung gegen Evolution (2008). URL: https://www.planet-wissen.de/natur/forschung/evolutionsforschung/ pwiekreationismusschoepfunggegenevolution100.html (Datum des letzten Aufrufs: 12.04.2023).

Bassam Tibi: Fundamentalismus im Islam: Eine Gefahr für den Weltfrieden?. Darmstadt: Wissenschaftliche Buchgesellschaft, 2000.

Gunter Pirntke: Der Affenprozess und seine Hintergründe. Deutschland: BROKATBOOK, 2015.

Heinrich Zankl: Fälscher, Schwindler, Scharlatane: Betrug in Forschung und Wissenschaft. Weinheim: WILEY-VCH Verlag 2003

John Cook / Dana Nuccitelli / Sarah A Green / Mark Richardson / Bärbel Winkler / Rob Painting / Robert Way / Peter Jacobs / Andrew Skuce: Quantifying the consensus on anthropogenic global warming in the scientific literature URL: https://iopscience.iop.org/article/10.1088/1748-9326/8/2/024024 (Datum des letzten Aufrufs: 12.04.2023).

Katja Ridderbusch: Die Angst vorm Grünen Drachen (2019). In: US-Evangelikale und der Klimaschutz. URL: https://www.deutschlandfunk.de/us-evangelikale-und-der-klimaschutz-die-angst-vorm-gruenen-100.html (Datum des letzten Aufrufs: 12.04.2023).

Karl Edlinger / Walter Weiss: (Un)intelligent Design?: Warum Gott die Welt nicht schöpfen konnte. Wien-Klosterneuburg: EDITION VA bENE, 2010.

Martin Neukamm / Andreas Beyer: Wie das evangelikale Discovery Institute Filmdokumente fälscht (2022). URL: https://www.ag-evolutionsbiologie.net/html /2022/discovery-institute-evolution-mensch.html (Datum des letzten Aufrufs: 12.04.2023).

Peter Scholl-Latour: Kampf dem Terror – Kampf dem Islam?: Chronik eines unbegrenzten Krieges. München: Propyläen, 2002.

Reza Aslan: No god but God: The Origins, Evolution, and Future of Islam. London: Arrow Books, 2006.

Ruud Koopmans: Das verfallene Haus des Islam: Die religiösen Ursachen von Unfreiheit, Stagnation und Gewalt. München: C.H.Beck oHG, 2020.

Silke Leonhard: Wissenschaft, Politik und Moral. In: Loccumer Pelikan Fundamentalismus überwinden 4/13 (2013), S. 157-158.

Thomas Meyer: Was ist Fundamentalismus?: Eine Einführung. Wiesbaden: VS-Verlag 2011.

Tom Schimmeck: Der Einfluss christlicher Fundamentalisten auf die Politik (2004). URL: https://www.deutschlandfunk.de/der-einfluss-christlicher-fundamentalisten-auf-die-politik-100.html (Datum des letzten Aufrufs: 12.04.2023).

Ulrich Kutschera: Streitpunkt Evolution: Darwinismus und Intelligentes Design. Münster: LIT Verlag, 2007.

Wilfried Buchta: Die Strenggläubigen: Fundamentalismus und die Zukunft der islamischen Welt. München: Carl Hanser, 2016.